Erich Seyfried

Schneibn tuats

1. Auflage
Eigenverlag Erich Seyfried

Druck: Bittera, München
Bindearbeit: Bartel & Co. GmbH
Buchgestaltung und Zeichnungen:
Elfriede Seyfried und Petra Richter
Anno 2000
ISBN 3-00-006708-6

Vorwort

Ob Sie sich zu Hause bei einer Stubnmusi und einem
Glaserl Punsch auf den Advent einstimmen wollen,
oder ob Sie sich, wie alle Jahre wieder, als Veranstalter fragen:
wie gestalte ich meine Weihnachtsfeier, besinnlich, heiter oder beides?

In diesem Band finden Sie mehrere
amüsante und besinnliche Gedichte, Vorträge
und 2 Weihnachtsspiele mit Kindern.

Ein fröhliches Fest wünscht Ihnen Ihr

Erich Seyfried

Inhalt Seite

Da Spätsommer

Da Sommer, der is endgültig vorbei,
und durchsichtig werdn Sträucher und Baam,
da woaß ma dann gwiß, jetzt kimmts End von dem Jahr,
war des schnell, ma konns gar net glaam.

Wennst rückwärts dann schaust, was is alles passiert,
oft zum Lacha und manchmoi aa net,
und schaust du dann vor, nacha kriagst as erst mit,
es werd nämlich langsam scho spät.

A paar Moi werst no den Spätsommer gspürn,
gfrei di, wennstn no erlebn derfst
und dann werst für di sagn - jetzt gspür i s sche staad
jetzt kimmt aa für mi bald da Herbst.

ES 2000

Eisstockschiaßzeit

D Eisstockschiaßnszeit geht o,
sappramen bin i da froh,
außegeh beim koitn Weda
tuat doch sonst net glei a jeda.

Naus geh, nüber zum Kanoi,
vor mir san auf jedn Foi
viere – fünfe wenn i sag,
wartn auf mi jedn Tag.

Nacha kemma no zwoa – drei
aus am andern Eck herbei
und bist schaugst werd zsammagstäßn.
I bin koana von de Bestn.

Manchmoi teans scho d Nasn rümpfa
und mi sakrisch zsammaschimpfa,
dass i mi oft glei schenier.
„Warum spuitsn dann mit mir?"

„Möchstas wirklich wissen, ha?"
„Freilich möcht i s wissen, klar!"
„Also, dann sag i dirs glei,
du hast oiwei an Schnaps dabei!"

Schneibn tuats

Schneibn tuats, herrschaftseitn nei,
jessas so a Gfrett,
is der Schnee vom letztn Moi
ja no gar net weg.

Steh mit meiner Schneeschaufe
mitn auf da Straß,
jetzat kriag i scho sche staad
auf des Glump an Hass.

Doch von gegenüber grienst
a Kindergsicht mi o,
scheinbar ist der kloane Fratz
über den Schnee no froh.

Konn er doch mit seine Freind
zum Schlittnfahrn heit geh,
wenn i des nur aa no kannt,
Herrgott, waar des sche.

Wia i oiwei wieda sag
und des bringt mi zum Lacha,
konnst du s halt auf dera Welt
net jedm recht gnua macha.

Das schönste Weihnachtsgeschenk

Jeds Jahr, am Anfang vom Advent,
is d Muatta in ihrm Element,
s werdn Platzerl bacha – zwölferlei,
a Nussgebäck is aa dabei,

auch Marzipan und Stern aus Zimt,
wo s nur d Rezepte heranimmt?
Mit Mandelkern glei dreierlei,
Bisquitplatzerl san aa dabei,

Gewürzsterne und Ingwer-Ecken
und auch Vanillekipferl schmecken,
dann machts no Spekolatius
und dann is immer no net Schluss.

Da soll ma wochenlang noch wartn,
bis ma mitm probiern derf startn?
Des konn doch wirkle neamd verlanga,
drum hat der Bua s Suacha ogfanga.

Die Neugier war dadurch verstärkt,
dass er net wollt, dass sie was merkt,
drum geht er vor wia a Kriminaler
und suacht nach Pfefferminzentaler.

Es kann ja auch was anders sei,
es is nur wichtig, dass er s glei
und net erst nach zwoa Wochn findt
oder gar erst, wenns as Christkind bringt.

Die Suche geht erbarmungslos
vom Schlafzimmer zum Obergschoß.
Koa Fach vom Schrank wird ausgelassn,
wo kannt a Dosn denn einepassn?

Und ab und zua, zwar net recht oft,
da hat er dann ganz unverhofft
a kleines Schachterl noch erhascht
und an der Beute etwas gnascht.

Doch oamoi, des vergisst er nie,
verlasstn seine Fantasie
und schaut, wo man net unbedingt
a größers Schachterl einebringt.

A Fach wars - mit alte Papiere,
er ziagt oiso des Zeugl vüre
und schaut was da so alles drunter.
Verträge warns - und auch mitunter

Kopien, Bilder, Briefe, Schreibn,
doch dann tuat eahm die Luft wegbleibn,
- vom Vata, der fast alles ko
find er a Zeugnis, - er schauts o,

von da an war am Buam bewusst,
der Vata hat aa net mehr gwusst.
Er hat nix gsagt zu seinem Altn,
s Geheimnis dann für sich behaltn.

Doch insgeheim hat er sicht denkt,
des war des schönste Weihnachtsgschenk.

Heiliger Sankt Nikolaus

Geh eina liaba Nikolo
und bring uns was ins Haus,
dass d endlich kimmst, da bin i froh
und lass an Krampus drauß.

I bin doch brav gwen s ganze Jahr,
grad zwengs der oana Scheibn
vom Huabawirt seim Fenster drübn,
geh, tuas net übertreibn.

Nimms net so tragisch, i vasprichs,
i tuas aa nimma macha
und was oft andere ostelln,
da is ja meins zum Lacha.

Schau unsere Minister o,
was de uns oft zuamuatn,
da ghörat dene öfters amoi
oans drüba mit da Ruatn.

Nikolaus mit Kind
Vortragsdauer ca. 8 Minuten

Nikolaus: Grüaß Good beinand ihr liabn Gäst,
da Nikolo is wieda da,
denn kurz vorm schönen Weihnachtsfest
da komm i doch jeds Jahr,

schau nach - obs brav wards oi mitnand
und wias euch aa so geht,
dann sag ichs drobn am Christkindl
und hoff, es is net z spät.

Vielleicht - so ganz zum Ofang glei
möcht ich de Kinder fragn,
is da von euch net oans dabei,
des möcht an Vers aufsagn?

Geh trauts euch nur - net schüchtern sei,
nur ogfangt fesch und froh
und wenns oana ganz bsonders macht,
den lobt der Nikolo.

(Kinderverse)

Des habts aber jetzt zünftig gmacht
des hat ma sakrisch gfoin,
drum werd i euch für heut auf d Nacht
was bsonders hera hoin.

Des is was, - wia mas früher ghabt,
a Füllhorn voller Gschenk,
für euch solls a Überraschung sei,
so hätt i mirs halt denkt.

Mia werdn des Füllhorn leer macha,
bis auf des letzte Stück,
ich hoff, dass mia mit diesem Gschenk
für euch de Freud is glückt.

(Ein Kind stellt sich schüchtern vor dem Nikolaus)

Nikolaus: Was is denn Bua, was möchstn sagn,
was stehst denn dauernd rum?
Möchst mi, an Nikolaus was fragn?
Geh her und druck net rum.

Kind: Du Nikolaus - i hätt a Frag,
versteh mi bittschön recht,
wenn i dir jetzta direkt sag
du bist doch gar net echt.

Ich moan - koa echter Nikolaus,
den gibts doch nimmermehr,
i kenn mi selber net recht aus
und doch kommst so daher.

Nikolaus: Ja, Bua - de Frag is wirklich recht,
des muass i dir gestehn.
Natürlich bin ich net der Echt,
des werst du scho vastehn.

Nur jedes Jahr zu seiner Ehr,
da gibts den Niklaustag,
da komm i dann a so daher,
zur Antwort auf dei Frag.

Kind: Des leicht mia ei, da kimm i mit,
dazua bin i alt gnua,
aber doch - hätt i gern mehra gwusst,
geh, red a bisserl zua.

Nikolaus: Es war vor fast zwoatausend Jahr,
ums Jahr dreihundert rum,
von reiche Eltern da oanzig er war
und gscheit und aa recht fromm.

Sei Onkel is scho Bischof gwen,
der hatn zu sich gnomma
und hat sich kümmert um sei Lebn,
hat sich um eahm ognomma.

Der Niklaus, werst as wissn scho,
hat sich ums Geld nix denkt,
hat alles, was sein Eigen war,
de arma Leit verschenkt.

Für Kinder hat er alles to,
drum is des heut no Sitt,
dass jedes Jahr da Nikolo
den Kindern bringt was mit.

Kind: Du sagst, de Eltern warn recht reich?
Wia de warn nimma am Lebn,
was hat er'n mit dem Reichtum gmacht?

Nikolaus: Den hat er aa vergebn.

Vergebn, verteilt und ois verschenkt,
für sich hat er nix bhoitn,
er hat nur für sein Glaubn glebt,
nur auf den hat er was ghoitn.

Kind: Und später, wia er ois verschenkt,
dann war ja nix mehr da?
Es hoaßt doch, dass er bis zum Tod
guat und barmherzig war!

Nikolaus: De reichn Leit von seiner Gmoa,
de ham eahm oft was bracht,
damit er s aufteilt nach seim Sinn,
er hats dann auch so gmacht.

Ma redt zum Beispiel auch davo,
dass a Mo aus reichem Haus,
durch a Unglück ois verloren hat,
mit oamoi war ois aus.

Almosen aber wollt er net,
er verarmte in seim Stolz,
doch in der Nacht - wia sei Fenster auf,
wirft der Niklaus - a Sackl Geld aufs Holz.

Der Arme hat am andern Tag
des Geld dann liegn sehng
und hat dann gmoant, ganz ehrfürchtig,
es is a Wunder gschehng.

Und so is no a zwoats Moi gwen,
auch wieda in da Nacht,
hat dann da Niklaus noch amoi
a Sackerl Geld hibracht.

Und erst beim dritten Moi da hams
an Nikolaus dalurt,
weil er, nachdem er gworfa hat,
net schnell gnua is dann furt.

Der Arme hat vor Demut dann
an Niklaus d Füaß geküsst.
So stehts in einer alten Schrift,
so is des ungfähr gwest.

Der Niklaus war glei ganz verschämt:
„Tua nix um Gottswuin sagn,"
bitt er den Arma inständig,
doch der tuats außetragn.

Am jedn hat ers glei vazählt
was eahm is widerfahrn:
>Der Niklaus is da Best der Welt,
i hab des selbst erfahrn!<

Kind: Oa Frag, mi intressierats schon,
des hätt i no gern gwisst,
warum der Niklaus der Schutzpatron
von alle Seeleut ist?

Nikolaus: Der Niklaus is auf hoher See,
wia a rechta Sturm is ganga
und d Seeleut ham scho alle gfluacht,
ans Schiffssteuer higanga

und hat des Schiff mit ruhiger Hand
und am Gebet - is klar,
ganz sicher hingsteuert ans Land,
dass jeder ehrfürchtig war.

Seitdem - jetzt konnst dirs denga schon
is er von de Seeleut - da Schutzpatron.

Kind: Vui Sachan hab i heut erfahrn,
i dank dir recht dafür,
doch oans, des hätt i no gern gwusst,
des is net klar in mir,

wenn doch da Niklaus brav und guat,
wia kumma d Leut dazua – sag,
und macha an Krampus mit da Ruat
an seinem Ehrentag?

Nikolaus: Der Niklaus war a guata Mensch,
nur Ungerechtigkeiten,
de konnt sogar als Heiliger
er um die Welt net leiden.

Doch des is net alloa der Grund,
de Leut auf derer Welt,
de wolln dem andern Angst einjagn,
weils eahna halt so gfällt –

und Eltern, de net fertig werdn
mit eahnam kloana Kind,
de sagn - jetzt bist amoi schö brav,
weil sonst - da Niklaus kimmt.

So tuat scho jeder Einzelne
am Bild vom Niklaus nagn,
doch machts ma des in Zukunft nimma
des möcht i euch bloß sagn.

Der Krampus und der wuide Knecht
ham mitm Nikolaus nix ztoa,
auch wenns euch manchmal wär so recht,
lassts den Nikolaus alloa.

An am 6. Dezember is er gstorbn,
den Tag hams zu seiner Ehre gmacht
er war a braver Heiliger
und hat de Leit was bracht.

Kind: Ja horch, wenn mia eahm scho gedenkn,
was hast dann du mitbracht zum Schenkn?
Ich bitt di liaba Nikolaus,
pack jetzt amoi dei Füllhorn aus.

Nikolaus: Is wahr mei Kind, da hast ganz recht,
a Niklaus ohne Gschenk is schlecht.

Ich hoff für euch, ihr liabn Leit,
dass euch mei Gschenk macht auch a Freud.

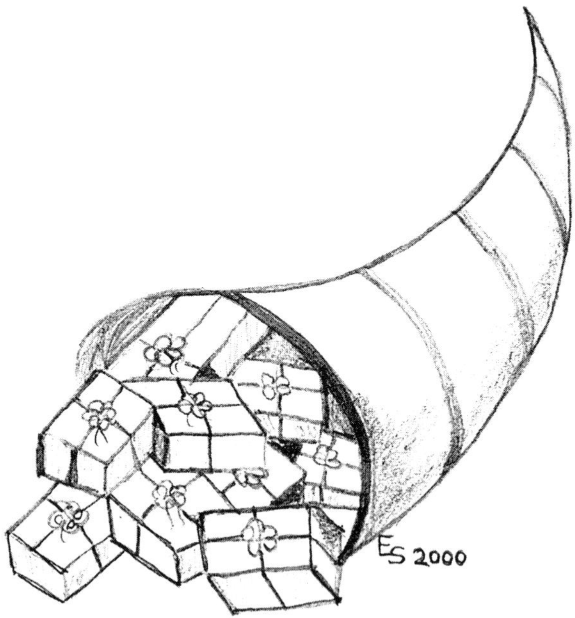

Wunschträume

Wenn du mir, wia jedes Jahr,
dei Wunschlistn herglangst,
werds mir glei, wia jedes Jahr,
fei wirkle Himmeangst.

Sachan stenga drauf, o mei,
wia soi i denn des zoin?
Wünsch dir halt net gar so vui,
geh, tua mir halt den Gfoin.

Hätt ich so vui Geld – derfst glaubn,
ich taat dir alles kaffa,
leider bin ich net so reich,
i konn doch net drum raffa.

A Bussl konnst du ham von mir,
des konn jetzt jeder hörn
und wenn dir des zu wenig is,
woaßt was, dann hab mi gern.

Schlittnfahrn

Hui, was wuist denn da no mehr,
gehts beim Schlienfahrn lustig her
auffesitzn – abirutschn,
sitz sche drobn, wia auf a Kutschn
und beim Hoamfahrn des is gwiss,
der Vata vorn der Esel is.

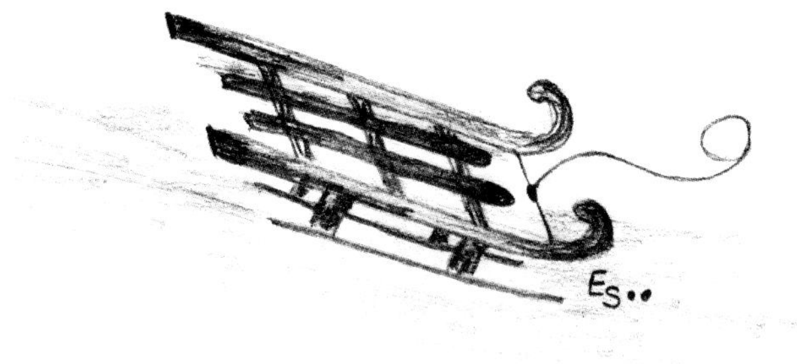

s Polsterl

Jetzt gibts wieder Weihnachtsbäckerein
und auch andre Schleckerein,

süaße Sachan gibts grad gnua
und bis i schau, nimm i scho zua.

Doch mir macht des gar nix aus,
sags aa kerzengrad heraus,

s tuat ma aa koa bisserl leid,
es kummt aa wieder

d Fastenzeit.

Der neie Geldbeitl

In der Lederabteilung, nebn da Tür,
liegt a Geldbeitl und der gfoiert mir.
Aber kaffa tuan i erst hernacha,
muass zerst meine Einkäuf macha.

Fürn Buam a paar Schi,
a paar Ohrring für sie
und für Tochter was, aus der Parfümerie.

Ich kaaf oiso gmütlich sche ei,
kimm bei de Schi a weng teierer nei.

Ich werd bei de Ohrringl sparn,
- denkste – alles a Schmarrn,
hab mi preislich erst recht da verfahrn.

Beim Parfüm, s müasst ja nix großartigs sei,
da wars wieder nix, des sag i dir glei,

denn wia des Fräulein so schaugt,
des hat mir gar net recht taugt,
oiso kimm i da aa häha nei.

Jetzat geh i an Kasse zum Zoin,
dass ich s letzte Trumm konn nacha hoin.

Schau in Briaftaschn nei und es war
- alles leer -
jetzt brauch i aa - koan Geldbeitl mehr.

Mein innerlicher Frieden

D Weihnachtszeit - s is wia jeds Jahr,
renna, sausn, des is klar,
bsorgn und kaffa, ois zum Schenga,
nix vergessn, an ois denga

und nebnbei im Fernseh drinna,
siehgstas schiaßn, streitn, spinna.
Mord und Totschlag drahn s ma auf,
i hock drin, kaam dass i schnauf.

Und de Zeitung, wennst as liest,
siehgst, was d für a Woaserl bist,
weils betrügn, d Leit ausschmiern
und oft Kinder drangsaliern.

Nachrichtn, ma is scho gwohnt,
bleibst vor nixn mehr vaschont.
Doch i möcht ganz anders heit
redn von da Weihnachtszeit.

Weil i sag dirs, werds ma z dumm,
sitz i mi in meiner Stubn
in a Eck und tua siniern,
tua für mi so nachstudiern.

Mach a staade Musi o,
wo ma nebnbei denga ko,
sperr ois ausse aus meim Schädl,
hoid mi aa mancha für an Blädl.

Endlich nacha is so weit:
Menschn siehg i volla Freid,
stuckara achte an da Zoi
stengas drin, beim Kind im Stoi

und schaugn zu eahm ins Kripperl nei,
- de kenna gar net traurig sei.
Glücklich sans und voller Friedn,
s Christkindl is eahna bschiedn.

Siech an Ochsn, Esel, Schaf,
alle schaugns bloß, san ganz brav,
stell ma no an Engelschor
in am Eckerl drinna vor.

Buit ma ei - d Maria lacht
und da Josef aa, ganz sacht
lächelt da Maria zua.
So find i - sche staad mei Ruah.

Und so hab i für a paar Stundn,
mein innerlichen Friedn gfundn!

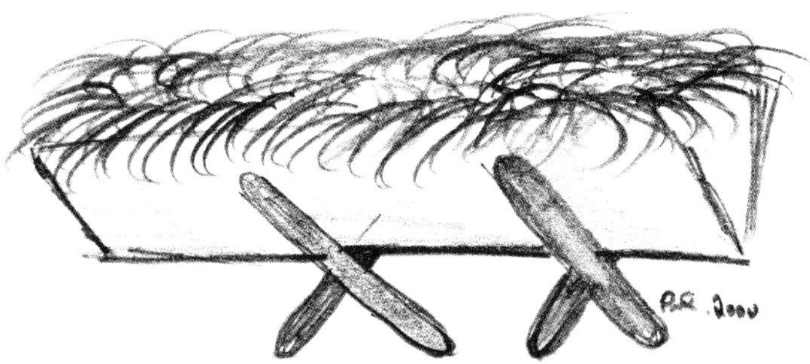

Neufahrner Weihnachtsmärchen

Vortragsdauer ca. 12 Minuten ohne Musik und Gesang

Mitwirkende:

1 Sprecher
1 Kind A (das Jüngere)
1 Kind B

Sänger und eventuell Musikanten

Sprecher: Weihnachtn werds wieda und es werd sei wia jeds Jahr,
d Leit denga zruck wias in eahnara Kindheit war,
wias rumglaffa san mit de oidn Schuah,
vielleicht a kaputts Hemad, as Gwand net ganz zua,
a rots Naserl und Ohrwaschl - eiskoit,
aber s Herz volla Frohsinn, weils eahna so gfoit.

Vorm Nikolaus imma no a wengerl Respekt,
weil ma vielleicht da mehra Mitleid bezweckt,
wenn er kemma is mit der Ruatn und no an trumm Sack
und scho a bisserl a kribbeln den ganzn Tag.

Wenn da oa sagt zum andern:

Kind A: I woaß net recht,
mia is grad net guat, aber aa net schlecht.

Kind B: Mir gehts genauso – jetzt bin i bald froh,
wenn ma wieda im Dunkeln auf d Straß geh ko!

Sprecher: So a kribbeln wars,
des hat ma den ganzn Advent ghabt,
ob des mit de Gschenka aa wirkle klappt,
ob des, was ma sich gwünscht hat,
aa wirkle tuat kemma,
wenn net, taat ma scho aa was anders nehma.

De Buam ham was ausgsaaglt, hams pappt und hams gmoin
und da Muatta und am Vata
hat des bsonders guat gfoin
und de Deandln ham für d Muatta a Deckerl gstickt
und beim Platzerl bacha ghoifa
und manchmoi oans zwickt.

So san de Tag verganga,
aber trotzdem net schnell gnua.
An Adventkalender wennst aufgmacht hast in da Fruah,
dann hast as ja gsehng, so wenig Fenster san erst auf.

Kind A: Wann kummt denn jetzt s Christkindl, i wartat scho drauf!

Sprecher: D Muatta und da Vata, sie warn net grad bös,
aber trotzdem aa scho a bisserl nervös.

Kind A: I woaß net warum, wos mi doch a so gfreit,
de wunderschö, gnadenbringende Weihnachtszeit.

Kind B: Vielleicht wartns noch auf a Packl,
vielleicht is ebbas net kemma!

Sprecher: Und sie wolltn doch eahnam Kind d Freid net nehma.
Sie wollten doch aa, dass sich eahna Kind gfreit und lacht,
vielleicht is des, was eahna Gedankn macht.

Kind B: Oder solltat des gar mitm Geld net recht klappn,
i wünschat ma doch bloß a schönere Mappn,
für d Schui, des müassat scho fast sei,
zrissn und gflickt is ja aa scho de mei.
Und aa wega dem Spuizeig, wo no steht auf der List,
ob des vielleicht da Kummer von de Eltern ist?

Kind A: Mi gehts nix o, i bin ja no so kloa,
i hab ja mit dem oisamt nix ztoa.
Es werd jetzt bloß Zeit, dass as Christkindl kimmt,
weil i sunst koan klarn Gedankn mehr find!

Sprecher: Jetzt vageht scho a Zeit, es is der vierte Advent
und in der Kirch, beim großn Adventkranz,
de letzte Kerzn scho brennt.

Jetzt wern mas boid ham, es is bloß no oa Tag.

Kind A: I konn gar nimma gscheit sitztn, wenn i dirs sag!

Sprecher: Der Tag geht aa rum, endlich is so weit,
jetzt macht sich aa bei de andern a gewisse Unruhe breit.
Da Vata tuat a weng langsam an Christbaam aufstecka
und wenn grad neahmd herschaut, schnell a Packerl vastecka.

Kind B: Jetzt schau i scho zum fünften Moi auf d Uhr.

Sprecher: Und d Muatta sagt: >Jetzt gebts endlich a Ruah.
Wissts was, jetzt ziahgts euch schnell warm o
und gehts a weng spaziern,
weil i dann schöna herrichtn ko.<

Kind B: Des is wahr, de Idee is direkt guat.
I schliaf in mei Joppn nei und in mein Huat.

Sprecher: Und dann gehts dahi und alle Gschwister dazua
gengan auf d Straß. – Überoi san d Vorhäng scho zua.
De Massenhausener Straß nauf, Richtung Bahnhof und Kirch
und manchmoi glitzert scho a wengerl a Licht
hinter de Fenster vüra.

Kind B: Jetzt sei amoi staad,
i moanat gar, dass da gsunga wern taat.

Sänger:
„Jetzt fangen wir zum Singen an"

Kind B: Jetzt hastas ghört, des is wirkle was Schöns,
des war a oids Bauernliadl, glaab mas, i kenns.

Kind A: Was werd denn da bei de andern Leit sei,
i lur amoi a bisse zu am Fensta nei.
Zwoa oide Leitl sitzn staad vor a Kerzn.

Kind B: Wer woaß, was de für a Leid ham im Herzn.

Kind A: A Buidl schauns o, des an der Wand tuat hänga,
vielleicht solltat ma eahna amoi ebbas schenga.

Kind B: Vielleicht, da hast recht, merk dir des Haus dawei,
da kemma bestimmt wieda amoi vorbei.

Jetzt geng ma weida, an Galgenbachweg nauf zur Schui.

Kind A: A na, da hab i allerwei so a unguats Gfui,
geng ma liaba bloß bis zur Max Anderl Straß vor.

Sprecher: Und da Gräßa gibt nach und na sans zfriedn alle Zwoa.

Bis zur Grüneckerstraß gengas nauf
und na rechts umme um d Eckn,
aber vorher teans no a wengerl vorm Hund daschreckn.

Dann gengas Bahnhofstraß nunter und wia kunnts anders sei,
beim Liebl schaugns a wengerl zum Fenster nei,
drucka d Nasn an de gfroane Auslagscheibn,
dass ebbas sehng.

Kind A: Ob d Muatta aa so was kafft hat?

Sprecher: Fragt da oa ganz valeng.

Dann gengas dahi, da Kirchturm winkt eahna scho zua.

Kind B: Halt sei staad, - gib a wengerl a Ruah.

Sprecher: Sie lauschn se zsamm und es funkeln de Stern
und sie haltn se staad, weils an Dreigesang hörn.

Sänger:
(Dreigesang)

Sprecher: De Kinda nehma sich bei der Hand
und net amoi friern tuat ses, trotzm dünna Gwand.
Es is eahna, ois höratns an Himmelschor singa
und da Kloa deit dann mit de kloana Finga
zum Himme nauf –

Kind A: Schau, den ganz großn Stern,
i moanat grad, i taat a paar Flötn hörn.

Kind B: Geh weita, mia müassn weita geh.

Sprecher: Und leise, ganz leise rieselt der Schnee.

Flöten:
(Leise rieselt der Schnee)

Sprecher: Kurz vor da Kircha sans jetzta scho.

Kind B: I muass da sagn, i bin jetzt ganz froh,
dass uns d Muatta a wengerl spaziern gschickt hat,
es is direkt was Schöns, so beim dustern Tag,
wenn ma aa von de andern Leit de Vorbereitung siecht
und aus manche Zimmer lacht scho a fröhliches Gsicht.

Kind A: Des werdn de sei, mit de Kinder de ganz kloana,
damits, wenns später werd, net aa no woana.

Kind B: I woaß gar net, was mi jetzt mehra gfreit,
as Gschenka auspacka, oda s spaziern geh wia heit,
denn wenn ma des siehgt, wia aa ander Leit sich gfrein,
und des ois unter dem hella Sternaschein,
da werds dir ganz anders, ma is einfach froh,
i woaß net wias kimmt, es is einfach so.

Sprecher: Und grad unter dem Buam seim letztn Satz
sehngs auf amoi auf am Zaun hocka an lustign Spatz,
grad ois wenn er pfeifa woid: horchts her amoi gschwind,
heit kimmt zu uns der Heiland, das himmlische Kind.

Na gengas hoamwärts, beim Kriagadenkmal vorbei.
Was wohl der Soldat bedeit? - A paar Bleamal san nei.
Sie denga net nach, weils eahna gar nix ogeht
und wissn aa net, dass eahna Ahnl drobn steht.

Zur Franziskuskirch hi sans grad no a paar Schritt
und der Groß ziahgt den Kloan an de Handerl mit.
Zwengs da Neugier gengas an Tür hi und glanga no nauf
und von innen raus spuit eahna grad da Organist was auf.

Sie bleibn steh - lusn – und es kimmt eahna vor,
ois stehadns direkt vorm Himmelstor.

(Orgel)

Sprecher: Jetzt hats ausklunga, aber der Klang schwebt in da Luft
und von irgend am Haus aussa riacht ma an bratna Apfeduft.

Sie genga dann de Bahnhofstraß Richtung Hoamat zua,
weil vom Geh taat i moana, hams jetzt aa schö staad gnua.
Wias ungfähr beim Stegschuster san auf gleicher Höh,
da bleibt auf amoi da Ältere steh.

Kind B: Wiavui Uhr werdsn sei?

Sprecher: Hat da oa no gfragt,

Kind B: weil, teats boid wieda kemma, hat d Muatta no gsagt.

Kind A: I glaab, es is bessa, mia genga jetzt hoam,
da Baam werd scho gsteckt sei und i moan,
dass vielleicht des oa oda anda Gschenk
scho higricht is, so wia i mirs denk.

Sprecher: Und sie nehma se an der Hand und genga den Weg den weitn
und dann hörns hinta sich de Kirchaglockn läutn.

Heit läuts net so laut, heit läuts direkt süaß
und sie genga dahi, ganz locker san d Füaß,
und des Läutn dahintn, jetzt is scho ganz weit,
des klingt, wia ebn nur in der Weihnachtszeit.

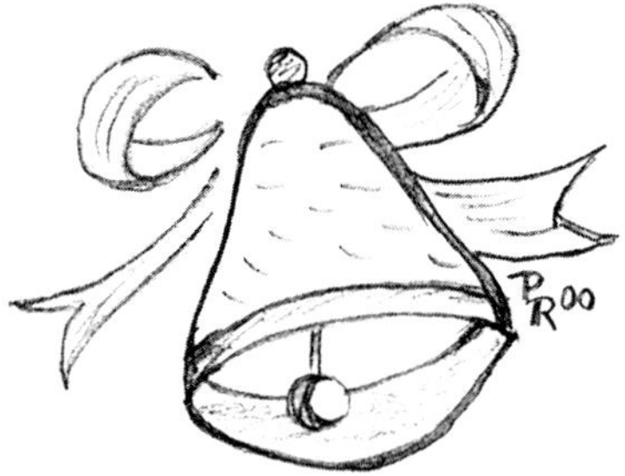

Musik oder Gesang
(Süßer die Glockn)

Sprecher: Jetzt sans dahoam, as Herz volla Freid,
und d Muatta lassts nei und da Baam steht bereit
und Bescherung is. – Da Vata tuat d Kerzn ozündn.

Kind B: Und unter dem Baam, am Bodn ganz hintn,
da siehg i de Mappn mit glänzade Schliaßn
und s Christkindl siehg i ausm Kripperl raus grüaßn.

Kind A: Und no a paar Packerl mit Platzerl und Bachern
und außerdem no – a paar Spuisachan.

Sprecher: Der heilige Amd vergeht schneller ois wiara kimmt.

Kind B: Und um Mitternacht, da gehma ganz bestimmt
in d Mettn, des werd sei, wia jeds Jahr,
wo doch des allerweil noch as Schönste war,
wenn alle Leit aus der ganzn Gmoa
mit der Familie oda manche alloa,
auf d Kirch zua san, mit de zfriedena Gsichta
und drinna nacha de Haufa Kerzn und Lichta.

Kind A: Und mia ham da gschaut, wia de as „Stille Nacht" gsunga,
des hat fei scho oft prächtig klunga!

Sprecher: Drum wolln ma heit zruckdenga, an de Zeit ois Kinda
und beim Stille Nacht wirkle fröhlich mitsinga!

Franziskus Kirche

Redn muasst mit de Leit

Jetzt hab i mi endlich traut,
hab a Voglhäusl baut,
schön verziert und bunt bemalt,
damit es auch dem Nachbarn gfallt.

Doch letztes Moi wia i so schau,
fast gar net meine Augen trau,
des gibts doch net, i glaab i spinn,
sitzt a Oachkatzerl da drin.

Schaugt mi o von obn bis unt,
sagt: „I bin zwar net so bunt
wia a Vogerl, konn net singa,
doch kannst ma aa a Fuatta bringa?"

„Freilich" sag i „des waar glacht,
wenn i dir nix zum Fressn bracht."
Bring eahm Nuss, meim neia Kundn,
bis i schau, war er verschwundn.

Seitdem lassts ma gar koa Ruah,
schau oft gegas Häusl zua,
weils mi damals sakrisch gfreit.
Siehgstas, - redn muasst mit de Leit.

D Weihnachtsfeier

A Weihnachtsfeier is in unserm Verein,
es kemma Mitglieder mit eahnare Fraun
und Tisch san sche deckt, es liegn Äpfe und Nüss
in der Mittn, mei da werdns dann schaun.

Da Christbaam, - der steht dort hintn im Eck,
mit Lametta und Kugeln – Figurn
und Ehrennadeln und aa zinnerne Krüag,
siehgt ma irgendwo aus da Eckn rauslurn.

Es gibt nämlich manche, de san scho so lang dabei,
de werdn heut geehrt, des is klar.
Zum Beispui da Simmerl, der ghört seit Anfang dazua,
nämlich scho fünfazwanzg Jahr.

Da Vorstand werd globt, weil ois wunderbar klappt,
da Kassier, weil mitm Geld alles stimmt
und des is doch logisch, werdn de andern scho globt,
da Schriftführer aa dazua kimmt.

Dann hama no oan, der hat zwar koa Amt,
aber er setzt sich ei fürn Verein,
der werd natürlich auch geehrt, des is doch klar,
wia solls denn sonst anders sein.

Dann verkauf ma noch Lose, mir braucha a Geld
und an Überschuss kriagt da Kassier.
Nacha sitz ma bis Mitternacht gmüatle beinand
bei am Punsch oder Wein oder Bier.

Mit vaschwommene Augn, zwegns dem Schnaps drin im Punsch,
wackelt i dann sche gmüatlich nach Haus.
Ganz gern waar i no a wengerl sitzngebliebn,
doch de Feier is leider scho aus.

Am andern Tag, wieder mit klarem Kopf,
denk i nach, wia i bin ganz alloa,
was hat denn de ganze Veranstalterei
überhaupt mit Weihnachten z toa?

Vorm Schaufenster

„Du Pepperl, da schaug amoi nei,
so a Puppn wenn i kriagat, ja mei,
de wo lacht und wo redt
und in d Hosn macht net,
des waar für d Eltern doch a Spielerei."

„Ja, Bärberl, was möchstn du no,
an Kaufladen hast doch du scho,
mit a Kasse und Waag,
so was Schöns, wenn i sag,
um des waarn andre Kinder scho froh."

„Mei Pepperl, du hast scho aa recht,
aber trotzdem is so, dass ichs möcht,
hast du denn koa Bitt,
wos d aa Freud hätts damit,
kumm sag mirs, aber ehrlich und echt?"

„Du woaßt doch, dass der Fips unser Hund
den oana Fuaß nachziagt, ganz ohne Grund,
jetzt waars ma halt recht
und des is was i möcht,
dass unser Fipserl waar vollkommen gsund.“

Das Lametta

Vortragsdauer ca. 7 Minuten

Weihnachtn kommt, das Fest der Feste,
das Fest der Kinder und der Gäste.
Da gehts fei manchmoi hektisch zua,
an ganzn Tag kimmst net zua Ruah.

A Hetzn, Kaffa, Probiern und Messn,
hat ma aa neamads net vagessn?
So is mir ganga, woaßt wanns war?
Am Heilign Amd - vor a paar Jahr,

der obndrei no a Sonntag war.
I hock grad bei der Kinderschar,
da sagt mei Oide: „Tua di zwicka,
du muasst an Christbaam heut no schmücka!"

Dagegn redn woaß i, dass nix nützt
und boid drauf hab i aa scho gschwitzt.
An Baam gstutzt - bohrt – damit er gfoit
und in an Ständer einegstellt.

Dann Kugeln drauf und Kerzn, Stern,
Krippenfigurn mit da Latern.
Zum Schluss - ja Himmedonnawetta,
nirgends find ich - ein Lametta.

Auf oamoi werds da Oidn hoaß
und stotternd sagts dann: „Ja i woaß,
im letzten Jahr wars ganz verschlissn,
drum hamas damois wegagschmissn!

Und in dem Trube von de Tag,
bei meiner Arbat, Müah und Plag,
hab i vagessn, oans zum kaffa,
werd schnell zum Nachbarn nüber laffa!"

De Nachbarn links, rechts, drunter, drüber,
de ham aa koa Lametta über.
Dann hama uns ogschaut ganz vadrossn,
denn d Gschäfta san heut aa scho gschlossn.

So sag ich dann zu meinen Knabn:
„Den Christbaam, den mia heuer habn,
den schmück ma boarisch, wia im Woid,
weil mir s Lametta net so gfoit!"

Mei, dann hams bleckt und gebn hats Tränen,
i konns net sehgn, de Schmerzfontänen:
„Hörts endlich auf mit dem Gezeta,
ihr kriagts an Baam, mit vui Lametta."

Zwar konn ichs da no net begreifn,
woher ichs nimm - de Suibastreifn.
Doch grad, wia i suach nach einem Messa,
da les ich: „HENGSTENBERG MILDESSA"

Es war die Sauerkrautkonservn!
Ich kombinier mit Messers Schärfn:
>Da liegt die Lösung eingebettet,
das Weihnachtsfest - es ist gerettet!<

An Deckl hab i glei aufgmacht,
as Kraut auspresst - s war halbe acht –
zum Trocknen oanzeln auffeghängt
und nacha gföhnt, doch nicht versengt.

De trockna Streifn, sehr geblichen,
mit Suibabronce noch angestrichen,
auf oi zwoa Seitn: Suiberkleid!
Oh freue dich, du Christenheit!

Da Christbaam war einmalig schön,
i hab no nia an schönern gsehn!
Zwar hats a weng gstunga zur Bescherung,
geruchlich wars a Überquerung,

weil mit Benzin wasch ich de Händ,
mit Nitro putz ich noch de Wänd;
dazua noch Räucherkerz und Myrthe,
der Duft die Menge leicht verwirrte.

Und jeda sagt dann ganz verwundert:
da stinkts nach technischem Jahrhundert.

A Wocha drauf, ich gmüatlich sitz
im Sessel, in de Zeitung spitz,

an Bauch voi Feiertage – Rester,
s war wieder Sonntag und Sylvester!
Da sagt mei Oide mit Bedacht:
„Es kimmt a Bsuach zu uns auf d Nacht.

De Müllers, Gruabers und da Herr Meier
zu unserer Sylvesterfeier.
Mia macha Brotzeit nebam Kripperl,
s gibt Sauerkraut und a fetts Ripperl!"

Und dann werds blass und immer blässer:
„Am Christbaam hängt noch das Mildessa!
Vergessn, dass mia a Neues kaffa,
i werd glei zu de Nachbarn laffa!"

Die Nachbarn links, rechts, drunter, drüber,
die ham scho wieder – keines über!
Dann hama uns ogschaut ganz vadrossn,
denn d Gschäfta san heut aa scho gschlossn.

Und so war *ich* wieda der Retter,
tua von dem Baam runta s Lametta.
Mit Terpentinöl und Bedacht,
hab i des Suiba abe bracht.

´as Kraut dann gründlich durchgewässert
und mit am Essig noch verbessert,
hab Nelken nei to, Pfeffa, Salz
und Curry, Ingwer, Gänseschmalz.

Dann, wia des Ganze sich erhitzt,
des Kraut hat gfunkelt und hat blitzt,
dann hast mich gsehn nach oben flehn:
>Lass diesen Kelch vorübergehn!<

Wia späta na werd s Kraut serviert,
is dann noch folgendes passiert:
Die Gruaberin hat amoi gschnitzn,
da siehgt ma aus ihrm Zinkn spritzn,

tausend kloane Suibastern.
„Machs no amoi, ich siehg des gern,"
hams gschrian rundum, ganz ohne Warnung
und d Gruaberin, de hat koa Ahnung.

De Zenta sagt zum Meier Franz:
„Dei Goidzahn hat heit Suibaglanz!"
Und oana, der da musste mal,
hat gschrian: „Ich hab an Suibastrahl!"

So gabs nach dieser Krautmethode,
noch manche kleine Episode!
Beim Hoamgeh sagt da Meier zu mir:
„Es hat mir ganz guat gfalln bei dir,

doch waar die Wohnung noch vui netta,
Hättst du am Christbaam drom - Lametta!!!"

Mei Wunschlistn

I wünsch mir von dir bloß a Kloanigkeit,
vielleicht a Flascherl Wein

oder was no vui schöna waar,
an echtn Edelstein

oder was no vui schöna waar,
a Sackerl mit am Geld

oder was no vui schöna waar,
a Reise um die Welt

oder was no vui schöna waar,
an Flug zu am andern Stern

oder was no vui schöna waar,
dass d sagst: „I hab di gern."

Da Christbaam

Boid is a da, da Heilig Amd
und wia de Jahr vorher,
muass, denn so is da Brauch,
a Christbaam wieda her.

Schö schlank und ohne schiafn Ast,
so muass a gwachsn sei,
dann passt er ja so wunderschö
ins guate Zimma nei.

Und d Leit werdn sagn: Der Baam is schö,
so was findst net so leicht.
Doch ehrlich, i muass euch gesteh,
i bin auf des net g'eicht.

Mir is des wurscht, ganz gwöhnlich gsagt,
der Baam ko nix dafür.
So wiara is, so nimm ihn mit
und tragn hoam zu mir.

Aa wenn der oane Ast amoi
vielleicht net ganz so grad,
so passt der Baam bessa zu mir,
weil i aa meine Fehla hab.

s Geburtstagsgschenk fürs Christkindl

„I woaß net," hat sie zu eahm gsagt,
„jeds Jahr des selbe Leid,
a Hetz, a Grenn, a Rumgesaus,
imma zur Weihnachtszeit.

De Gschenka müassn eikaft wern,
as Essn für drei Tag,
i woaß net, ob des Kind des Gspui,
des wo i kaaft hab, mag.

Wen ladn ma denn am erstn Tag
und wen am zwoatn ei?
Es werd uns doch dann hoffentlich
net oana eigschnappt sei.

Moanst, dass des richtig is, dass mia
aa uns a paar Stund gönna,
du woaßt doch, dass da „Der" und „Der"
zu uns woin scho lang kemma."

So gehts dahi und aa im Gschäft,
da kommst du net zur Ruah,
weil zwischn dene Feiertag,
da hat dei Firma zua,

da muass scho oisamt fertig sei
zur Inventur und so
wenn d Feiertag waarn endlich rum,
da waarst scho wirkle froh.

Is des da Sinn von Weihnachtn,
hast drüba da scho denkt?
Net des is d Hauptsach von dem Tag,
dass ma recht vui kriagt gschenkt.

Hast du dir des scho überlegt,
dass jeda werd beschert,
bloß der, der wo Geburtstag hat,
dass dem glei gar nix ghört?

Sei ehrlich, denkst du überhaupt dro,
dass der, um den wo s geht,
am Heilign Amd net zfriedn sei ko,
weil er gern aa was hätt?

Bloß, dass d a Büachal vüra ziahgst
von dera oana Nacht
und liest was vor, des waar a Gschenk,
i glaab, dass er da lacht.

Vom Christkindl, um des wo s geht,
des waar doch bloß gerecht
und wennst des wirkle zsamma bringst,
dann waar de Stimmung echt.

Du muasst scho selba aa was toa
und waars bloß mitm Lesn,
dann werst bestimmt hernachat sagn:
„s is doch a schöns Fest gwesn."

Die Anerkennung

Mein Chef is a Weinkenner müassn S wissn, und von dem hab i heuer a ganz a bsonders guate Flaschn Wein gschenkt kriagt. Als Anerkennung für besondere Verdienste hat er gsagt, weil ich immer so aufmerksam bin und so exakt meiner Arbat nachgeh.

Dahoam stell ich dann de bsonders guate Flaschn Wein aufs Kastl, damit auch meine Frau mitkriagt, dass ich ein angesehener Mitarbeiter in der Firma bin.

Am andern Tag war die Flaschn weg.

Vorsichtig und scho mit am bisserl am gmischtn Gfui hab ichs dann gfragt, wo denn meine „Anerkennung" hikemma is. „Ach so de," hats dann mit einer fast unverschämten Lässigkeit gsagt, „de hab i de Müllmänner mitgebn, als Anerkennung für besondere Verdienste!"

So!?

Na ja, de ham bestimmt auch a Anerkennung verdient!

De staade Nacht

nach Ludwig Thoma

Vortragsdauer ca. 18 Minuten

Jetzt Leitl, gebts grad a weng acht
und horchts ma a kloans Bröckerl zua,
i wui euch de Gschicht von *der* Nacht
heit bringa und denga dazua.

De meistn von euch, des is klar,
de wissn, wias damois is gwen
und trotzdem, es bsteht die Gefahr,
ma tuat so danebn vabei lebn.

Ihr wissts doch, vor 2000 Jahr
da hat säi a Zimmermo gwohnt
in Nazareth und es is wahr,
der hat se bei da Arbat net gschont.

Er hat net glei gschrian nach mehr Lohn,
wenn er amoi länga hat gschafft,
er war a bravs Leit und i moan,
des gaab oam de innere Kraft,

dass ma zfriedn is, mit dem was oam ghört,
denn des san grad de glücklichan Leit
und sich net über andre beschwert,
weils dene bessa geht, des is net gscheit.

Der säi Josef, der muass mit seim Wei,
Maria, so hat sa se gnennt,
nach Bethlehem zur Volkszählung nei,
s is nix Schlimms, d Leit warn damois was gwöhnt.

Er richt se sei Packerl staad zsamm,
weil am andern Tag in da Fruah
müassns geh, weils an weitn Weg ham
und gar koit is, des kimmt no dazua.

D Maria, de wart auf ihr Stund
und trotzdem hats koan Jammara to,
hätt gar heit oans zum Jammern an Grund,
nacha taat ers, des sag i da scho.

Oiso, dass i mei Gschicht vüra bring:
Wia de zwoa in da Fruah beim Kaffä
no dasitzn, kimmt eahna ran Sinn,
jetzt müassat ma do sche staad geh.

Doch am Josef, dem wars gar net recht,
dass sei Wei de Strapazn aufnimmt
und er moant zur Maria ganz echt:
„Bleib du da, s werd da zvui ganz bestimmt!“

„Geh nur zua Mo, jetzt is scho wia s is
und dass d alloa gehst, des passat ma net
und zu zwoat gehts vui leichta, ganz gwiss,
weil beim Ratschn dann Zeit schö vageht.“

„Oiso geh ma,“ so lacht er ihr zua
und sie schaugtn ganz treuherzig o:
„Oiso geh ma, es waar boid nimma zfruah!“
Und im Herzn sans allezwoa froh.

Sie genga bedächtig und staad,
dass d Maria des leicht so dapackt
und a ganz a fei's Lüfterl des waht,
bloß recht koit is, dass da Schnä richtig knackt.

Jetzat sans scho a Zeit auf de Füaß,
doch da Josef, der hat des scho gspannt,
dass sei Wei a kloane Rast eilegn müasst,
weils sunst sei kunnt, dass gar nimma kannt.

Alle zwoa loane se o dort am Hoiz
und vaschnaufa se, schmunzeln se zua,
da Josef schaugt sie o, ganz voi Stolz,
doch es lasst eahm no net de recht Ruah,

dass dabei is, es kunnt ihra schadn.
Da hört er auf amoi ganz weit hint
a Glöckerl, a Pferdl mit Wagn,
des direkt auf eahna zuakimmt.

„Des haut scho," so strahlt er, „des passt"
und er rumpelt glei naus aufn Weg.
Da kimmt da grob Girgl her grast,
doch der kimmert se um den Anhalter net.

Er kimmert se net, lasstn steh
und dahi gehts, dass d Huaf grad a so schlagn.
> So a Schuft < werst dir denga - aber geh,
wia oft lasst du jemand steh, möcht i fragn?

Rennst weida und pfeifst no dazua,
i genauso i nimm mi net aus,
bloß bei de andern, da lassts da koa Ruah,
bloß de andern, de richtatst recht aus.

Kehrn ma zruck zu de zwoa drin im Woid,
de se tröstn, > er hat uns net gsehn. <
Sie müassn geh, denn sunst wurds eahna zkoid
und da Josef tuat d Maria aufhebn.

Sie stapfan weida, Zeit wui net vageh
und da Tag, der is ewig scho lang,
zwischndrinn bleibns grad so a weng steh,
weils bei da Maria sunst gar nimma gang.

Auf amoi kimmt a Handwerksbursch her,
pfeift sei Liadl und fragt so nebnbei:
„Na, wohi, eicha Gang is scho schwer,
kannt i helfa, i taataats fei glei?"

„Wennst de Frau a weng hebast wars recht,
denn sie tuat se hoid jetzat scho schwer
und in ihrm Zuastand da geht sa se schlecht."
„Ja freile," sagt er „geh nur grad her."

De zwoa hebn d Maria unterm Arm,
der Bursch reißt an Witz vor de Leit
und sie lacht und es werd ihra warm
und jetzt is aufmoi gar nimma weit.

So gehts aa, wuist oam helfa, na tuas,
frag net lang, > was schaugt da für mi raus? <
Wenn ma nämle recht lang no fragn muass,
tuat mas selba, so gehts doch oft naus.

Jetzat sehngs von da weitn scho d Stadt
und jetzt wissns, jetzt ham ses glei gschafft.
„I muass wo anders hi," hat da Bursch gsagt,
nimmt a herzlichs „Pfüa Good" und hat glacht!

Nacha wingas no lang hintn nach,
denn er hat eahna a große Freid to
und da Bursch springt dahi übern Bach
und bist schaugst, is aa scho davo.

„Pfüat di Good" hat d Maria no g'haucht,
nacha gengas auf d Liachta glei zua,
weils a Suppn und a Liegastatt braucht
und vom Laffa, hams alle zwoa gnua.

Glei beim erschtn Wirt hams nacha gfragt,
obs was z Essn gaab und leicht a Bett.
„s tuat ma leid," hat da Wirt eahna gsagt,
„Küch is zua und oa Nacht vamietn mir net."

„s is net so schlimm," hat da Josef na gmoant,
„in da Gegend gibts Wirtshäuser gnua,
pfüat de Good," sagt a zum Wirt, der da loant
und nacha gengas auf d Innenstadt zua.

Beim „Ochsn“ da gengas hibei,
bei da „Post“ und beim „Fischerwirt“ aa
und überoi sans voi Hoffnung aa nei
und überoi warn de Absagn klar.

Da Josef hat scho glänzade Augn
und er wischt se aa schnei ebbas weg,
wia d Maria tuat grad net her schaugn
und sie kemman bloß langsam vom Fleck.

Jetzat gengas auf d „Einkehr“ drauf zua
und vo da Kältn is d Nasn scho rot,
d Maria de brauchat ihr Ruah
und was z Essn, waars grad a Stück Brot.

„He Wirt!“ schreit da Josef „mach auf,
mia ham hunga und müad sama aa,
gaabs koa Bett, nehma an Heustadl in Kauf,
wenns nur grad ebbs zum Niedalegn waar!“

Nacha siecht ma vo drinna im Gang,
wia as Liacht ogmacht werd und im Schein
kimmt a broate Gestalt da entlang
und er meckert und schimpft ganz gemein.

Da Maria hängt a Haarschiewe ins Gsicht
und as Kopftüache is aa nimma grad
und am Josef sei Bart is net gricht,
wei da Schnee sich scho onegfroan hat.

Jetzt geht Tür auf und der grantige Gsäi
siehgt de zwoa steh in da stockfinstern Nacht:
„Ja was is denn, so kemmst ma net rei,
mit dem Aufzug, ja des waar ja glacht.

Machts ma an Teppich voi Dreck und voi Schnee
und eure Haar schaugn aus, mia waars grad gnua,
packts nur zsamm, so kennts glei wieda geh,
schaugts dass weiterkemmts, lassts ma mei Ruah!"

Er schmeißt d Tür ins Schloss und schimpft dahi,
von wegn - Landstreicher, Gsindl und Gschmoaß.
Und da hamas scho, so moanat i,
ma soi net schimpfa, wenn ma gar nixn woaß.

Wenn ma net amoi gredt hat mit oam,
wenn ma net woaß no warum und wiaso.
Wennst genau aufpasst, vastehst was i moan
und i glaab, s geht recht vui von uns o.

Kehrn ma um, schaugn de zwoa wieda zua,
de im Schnee stenga in da pechschwarzn Nacht
und sie brauchatn bloß eahna Ruah,
aber es werd eahna koa Tür net aufgmacht.

Jetza wissns net, wo aus und wohi,
jetza wissns koan Rat nimmermehr
und d Maria sagt: „Schau grad auf mi,
i helf da lacha und fallts no a so schwer."

Da Josef, ois heiliga Mo,
macht se Sorgn, net um eahm, nur um sie,
auf amoi geht a Männastimm o
und er geht glei im Finstern drauf hi.

„He Mannerts!" schreit da Josef in d Nacht,
„konnst ma helfa, i brauch a Quartier
für mei Weib, weil s es nimma lang macht,
es glangt a Heu bei de Ochsn und Küah!"

Da Mo draht se um, sagt: „O mei,
wo kemmtsn es her zur sälign Stund?"
er wart d Antwort net ab „es kunnt sei,
i moanat scho, dass i euch helfa kunnt."

Er geht a weng zruck zu dem Haus,
da wo a grad herkemma is
und schreit eine: „He Peppe kimm raus,
da konnst helfa und du tuast as doch gwiss.

I hab zwoa Leitl, de suacha a Quartier
und sie schlafatn aa auf Heu und auf Stroh.
I hab ma denkt, i schicks glei her zu dir
und de zwoa de waarn ganz bestimmt froh!"

„Hast scho recht gmacht," so hört ma a Stimm
und as Fensta geht vom obern Stock auf,
„müassts hoit wartn, bis i ganz obe kim,
wennts a Heu und a Stroh nehmts in Kauf!"

Und bist schaugst is er aa scho herunt,
nimmt vom Hakn an Umhang - an Huat:
„Wo kemmtsn es her zu so später Stund?"
Und ma kennt, er moants ehrlich und guat.

So beim Geh gsteht da Josef eahm ei,
dass heit Nacht waar bei ihra so weit
und da Peppe jammert: „Ja mei,
jetzat – des tuat ma scho sakrisch leid,

dass koa Kammer i hab und koa Stubn,
weil des ganze Haus is volla Bsuach,
jetzta so was, na des is scho dumm,
aba gehts, weil nach Deckan i suach."

Endlich kemmas dann o in am Stoi,
mit a paar Ochsn und Esel und Schaf
und d Maria is müad auf amoi,
sitzt se hi und hat Augn volla Schlaf.

Der Peppe der rennt umanand,
holt de Deckan und bringt no a Stroh,
richt a Krippn und lasst sei warms Gwand
da Maria - und de schaugtn o:

„Konn des sei, dass a Mensch der nix hat,
trotzdem so vui Schöns tuat und macht?"
s is net oft Leitl und des is schad,
s is net oft, dass oans des ferti braacht.

Der Peppe schaut se no a weng um,
s is ois to, was ma toa ko dafür,
nacha hängt a se an oidn Sack um
und schleicht leise na hi zu da Tür.

„Guate Nacht!" hörstn wischpern ganz staad
und de Tür macht a vorsichtig zua.
Drauß is ruhig worn, koa Lüfterl mehr waht,
bloß da Schnee knartzt no unter de Schuah.

Er kimmt hoam und es is eahm ganz woih,
grad ois hätt er wunda was ois vabracht.
> Ob i späta no amoi nüba geh soi?
und - hoffentlich hab i aa wirkle ois gmacht.<

Nacha legt a se eine ins Bett
und beim Sinniern schlaft er ruhig dann ei.
Siehgst, zum Zfriedn sei brauchst koa Geld net,
nur wer zfriedn is, konn echt glücklich sei.

Drauß is unheimle staad, bloß de Stern
ham a flackern, ma kennt so was net,
s is a Nacht, da muass was Wunderbars wern,
s is a Nacht, de wo ewig besteht.

Bei de Hirta, weita drauß aufm Feld,
hörst koan Mugsara, alles schlaft ruhig und froh.
´s is, ois wartat auf a Zeichn de Welt,
auf a Zeichn, wo ma sagt: > Jetzt gehts o. <

Und tatsächlich, es werd hell wia am Tag
und de Hirta san blend wia net gscheit.
Na kimmt a Engl: „Horchts her was i sag,
i vakünd euch a ganz große Freid.

Euch is heut Nacht da Heiland geborn,
da Messias, auf dens ihr scho warts
und euch Hirta hat ma ois erschts auserkorn,
dass es ihr Arma ois erschta erfahrts.

Gehts no hi, in am Stoi glei dahint,
liegt a Kinderl in am Kripperl auf Stroh,
des is da Heiland, der ois Mensch zu eich kimmt
und an Friedn bringt, schaugtsn eich o!"

Den Friedn, den braacht er jeds Jahr,
für an jedn, für di und für mi,
denk nur nach, dann werst sehng es is wahr
und i sag des net bloß so dahi.

Sogar boi a Kriag is, irgadwo in da Welt,
werd net gschossn aufanand in *der* Nacht.
Wer hat denn sunst mehra to wo so zählt,
an was für am Tag werd denn mehr Friedn gmacht?

Unsere Hirta stehnga da, volla Schreck
und sie wissn net, wias eahna is
und bis schaugn, is da Engl scho weg.
Des is a Wunda, des is amoi gwiß.

Sie packa eahna armseligs Guat
in a Decka und richtn ois zsamm,
nehma dann no an Umhang, an Huat,
drahn se um, obs aa wirkle ois ham.

Nacha gengas dahi zu dem Stoi,
wo da Engl eahna d Erlösung vakündt
und a Stern deit an Weg auf amoi,
dass aa wirkle a jeda hifindt.

Schaugn ma gschwind aa zum Peppe no nei,
der wo ois so sche gricht hat und gmacht,
der muass aa bei de erschtn glei sei,
denn es blendt eahm a Liacht in da Nacht.

„Was is des?“ fahrt voi Schreck er in d Höh,
„s werd do net brenna, bei de Leid drübn im Stoi?
Da muass i helfa, da muass i glei umegeh!”
Und er hetzt und hat Angst auf amoi.

Rennt üba Treppn, hängt se schnei no was um.
Drauß siehgta, - des ko koa Feia net sei.
Jetzt steht er da und er schaugt a weng dumm,
de Haufa Stern genga eahm net recht ei.

Übern Stoi steht a Komet volla Glanz.
Er geht andächtig und langsam drauf zua.
Was des bedeit, des vastäht er net ganz
und reißt d Augn auf, er siehgt se net gnua.

Vor da Stoitür bleibt er no a weng steh,
na macht ers auf und schaugt ganz langsam rum.
D Maria winkt eahm: „Derfst scho no an Schritt geh."
Er kniat se hi und woaß gar net warum.

Volla Andacht schaugt er auf zu de drei,
zur Maria, am Josef, am Kind,
nacha sagt er: „Ja derf denn des sei,
dass ma für euch bloß an kloana Stoi find?"

Hinta eahm kemman d Hirtabuam o,
san ganz staad, knian se aa hi dazua.
„Des is da Heiland!" hörst oan sagn, - „Gottessohn!"
Auf amoi is a himmlische Ruah,

Dann hörst an Engelschor singa - ganz sche,
dass ma stundnlang zuahorcha kunnt:

„Ehre sei Gott in der Höh und den Menschn Friedn herunt!"

Und Friedn den Menschn herunt

Wenn in da Politik de ganz großn Herrn
sich wecham Frieden zsamm sitzn tean,
der oane aus West, da ander aus Ost
und es spuit aa koa Roin, was des nacha kost.

Und sie redn ganz lang und es werd ziemlich schwer,
denn der oane gibt des, was er hat, nimma her
und nacha krachts doch zwischn de zwoa auf d Stund,

is des der Friedn der Menschn herunt?

Und wenn auf da Welt, zwischen Süd und Nord,
der oane den andern zwengs da Rassn obohrt.
Wenn in da Firma über den andern werd ghetzt,
über Bekannte, Verwandte, de Mäuler werdn gwetzt.

dann frag i, jetzt und in dera Stund,

schaut so da Friedn aus vo de Menschn herunt?

Tua aa was dazua,
sei a Mensch friedlich und nett,
aa wenn des manchmoi
net so leicht geht.

Und wenn morgn dei Nachbar
an kloana Fehla macht,
dann reg di net auf,
es is schöna, ma lacht.

Dann hast aa du ois Kloana was to
und hast a ruhigs Gwissn,
des dir koana nehma ko

und i wünsch euch von Herzn,
dass n jeda erlebn kunnt,

den Friedn der Menschn herunt.

Der alte Hifinger

Vortragsdauer ca. 5 Minuten

Hiermit möchte ich mich bei meiner Kollegin
Regine Hackethal bedanken,
die mir die folgende Geschichte abdrucken ließ.

Geschrieben wurde sie von ihrer Mutter

Carlamaria Heim

Beim alten Hifinger, pensionierter Postbeamter in Rosenheim, hat sich s Christkindl des Jahr bsonders reichlich eingstellt. Die sechs Kinder vom Hifinger warn scho lang ausm Haus und über ganz Deutschland verstraht. Mitm Bsuacha hats des Jahr net klappt, aber sie ham ihn nicht vergessen, den Vata, und alle hams eine schöne Überraschung gschickt.

Von der Lotte, die wo in Freiburg verheirat is und für die Antike schwärmt, hat er eine sehr schöne Nachbildung der Venus von Milo kriagt. A bißerl nackert wars halt.

Aus Lüneburg vom Xaverl - na jetzt hoaßt er Franz, weil Xaverl ko sei Frau net sagn, de is von da droben - ist ein Familienfoto kumma, er und sie und die Kinder: der Jens, der Uwe und de kloane Heike, in am scheena Suibarahma.

´s Roserl, was immer recht praktisch war, hat eahm aus Viechtach drei Paar scheene warme Unterhosn gschickt, und aus München, vom Toni, ist eine Originalradierung >Heilige Affen< kumma.

Da Jupp aus Köln - na ja, früher hat er halt Peppi ghoaßn - hat am Vata scheene warme Handschuah gschickt, und am Heilign Abend selber is no a groß Packl vom Peter aus Oldenburg kemma, da war a elektrische Heizdeckn drinna.

Am ersten Weihnachtsfeiertag setzt se da Hifinger aa glei hi, um sich für die schönen Geschenke zu bedanken. Weil er als Beamter glernt hat, dass man schnell, umsichtig und rationell arbatn muass, hat er erst alle Umschläg gschriebn, hintereinander weg und glei de Briafmarkn draufpappt, und dann hat er sich drübergmacht und für jeden a freundlichs Dankesbriaferl gschriebn. Bevor er aber no dazuakemma is, de Briaf alle in de Umschläg ztoa, is sei Spezl, da Gschwendtner Max kumma. Der war früha bei da Polizei, is aber aa scho pensioniert. „Geh weida," hat er gsagt „des konnst doch morgn aa no macha. Jetzt, über d Feiertag werd doch de Post net befördert, des müassast du ois alter Postler doch wissen, gehma zum Oberbräu, da lafft heit a zünftiger Schafkopf."

Na ja, da Hifinger hat des eigsehn und is mitganga. Es is a recht lustiger Abend worden, und es war scho a bißl spat, wiara wieder hoamkemma is. Er wollt erst glei ins Bett geh, aber dann hat er de Briaf und de Umschläg liegen sehn, und weil er no so aufkratzt war von dem zünftigen Abend, hat er s Radio ogmacht, a Musi ghört, hat no a Halbe drunga und dabei de Briaferl in de Kuvert neido, bloß hat er leider dabei a bissl was durchanander bracht.

So hat die Lotte in Freiburg, de mit dem Antik-Tick und der Venus, erstaunt glesn: „Liebes Kind, vielen Dank für Dein schönes Weihnachtsgeschenk. Ich hab sie gleich mit ins Bett genommen, und sie hat mir die ganze Nacht warm gemacht. So was hab ich mir schon immer gewünscht."

Da Peter in Oldenburg dagegen, der die Heizdeckn gschickt ghabt hat, hat sich net weniger gwundert, wiara da glesn hat: „Deiner kostbaren Weihnachtsgabe habe ich einen Ehrenplatz im Glaskasten eingeräumt, und sie wird allgemein bestaunt."

Aber auch des Roserl, was de drei Unterhosn gschickt hat, is a bissl blass worn wias glesn hat: „Ich hab sie gleich angezogen und hab mich heut abend damit beim Oberbräu gezeigt. Sie sind allgemein bestaunt worden, besonders von der neuen Kassiererin. Hoffentlich verlier ich sie nicht gleich."

In Köln, wo die warmen Handschuah her warn, hat der Sepp, alias Jupp, genauso verwundert glesn: „Da hast Du mir wirklich eine große Freude gemacht und sie passen so gut, auch um den Bauch und um den Hintern herum."

Aber erst der Toni in München, der die Radierung >Heilige Affen< gschickt hat, der hat vielleicht gschaut, wiara glesn hat: „Ihr seid wirklich alle sehr gut getroffen. Das Bild häng ich im Wohnzimmer auf, damit ich Euere lieben Gesichter immer vor mir habe."

No ja, und der Franz Xaverl in Lüneburg, der das Familienfoto übersandt hat, der hat glei a paar kernige bayerische Flüch loslassen, von dene er gar net gwusst hat, dass ers no ko. Schreibt doch der Vata tatsächlich: „So ausdrucksvolle Affengesichter hab ich wirklich schon lange nicht mehr gesehen. Da kann man sich richtig vorstellen, dass der Mensch vom Affen abstammt."

„Müass ma doch amoi nach eahm schaun," hams gsagt, de Kinder, „es scheint, er werd a bißl wunderli, unser Vata."

Carlamaria Heim

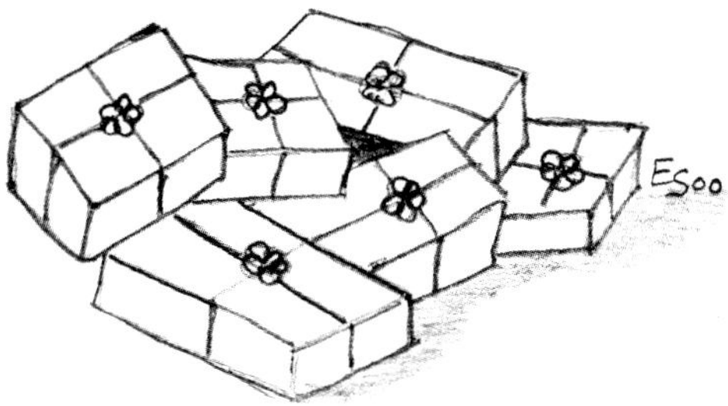

Weihnachtsglocken

Wennst ausseschaugst, auf d Nacht so in Woid,
auf d Felder, auf d Wiesn und Flur,
na is auf amoi ois so staad überoi,
grad de Sterndl de flunckern dazua.

As Schweign, des schliaßt ois mitnand ei,
ringsumadum is ois mugsmeiserl staad,
na kriagt ma des Gfui, es kunntat fast sei,
dass sich um a bsundre Nacht draht.

Des heiserne Glockerl vom Dorfkircherl drübn,
durchbricht dann de seltsame Ruah,
grad so is, ois wenns einfach aussaschrein woit:
„Jetzt Leitl, horchts allesamt zua,

heit Nacht da werd euch da Heiland geborn,
horchts nur her, dass es oi mitnand hörts,
er bringt euch de Hoffnung, de Liab und de Ruah
und an Frieden in euer Herz."

P.R. 2000

Nach Weihnachten und den Feiertagen

Jetzt kimmt de staade Zeit,
de i so mag,
aus is mitm Bsuach kriagn
und mit de Feiertag.

Des Eikaffa
lasst sich wieda überschaun
und an Geldbeutl aufmacha
konn ma sich aa wieda traun.

´as fette Essn
und des süaße Zeig
is aa verschwundn,
jetzt hast wieda a Freid

an am Leberkas,
vielleicht mit am Ei,
oder am Sauerkraut
mit am bissal was nei.

Weg graamt
is der ganze Schmuck
und wenn i mi aa sunst
von der Arbeit druck,

jetzt werds wieda Zeit,
dass ois nimmt sein Lauf,
da nimm i sogar
as Aufsteh in Kauf.

Am Mittwoch konn i mi scho
aufs Wochenend gfrein
brauch net überlegn,
wem muass i a Kartn no schreibn.

Jetzt is endlich staad wordn,
grad so wia s mi gfreid,
sogar, dass ich ans Christkindl denk,
hab ich jetzt wieda Zeit.

A neia Kalender

A neia Kalender der geht wieda o,
wia werdn denn de Tag werdn,
werdns lustig und froh?

Werdns so, dass ma sagn konn,
es war alles guat,

oder werd ma am End sagn:
„Geh, steig ma am Huat?"

Werdn ma a Glück ham
und irgendwas gwinna

oder werdn ma recht krank werdn,
vielleicht a Angina?

I denk net zvui nach,
es kimmt so wias kimmt,

und manche sagn sowieso,
es is ois bestimmt.

Drum denk i am Neujahrstag
über höchstens a Monat,

weils sich, so moan i
über länga net lohnat.

Das Buch „Sprechwürmer“

ISBN – 3-00-006677-2

mit mehr als 100 netten Versprechern
aus Theatervorstellungen
und mit über 50 meist lustigen Gedichten,
einigen Szenenfotos,
dummen Fragen und noch dümmeren Antworten

und das Buch „Wie geht's – wie steht's?“

ISBN – 3-00-006676-4

Rezepte zum Schmunzeln und Lachen,
mit heiteren Gedichten,
Antworten auf bayrische Fragen,
über 100 Witze zum Weitererzählen,
Anregungen und Vorschläge für Geburtstagsgedichte

erhalten Sie über:
Erich Seyfried - Postfach 2027 - 85372 Neufahrn